अंतर्मन की २१ धुनें

संजय झा

First Published in April 2023

ISBN: 978-93-5741-546-0

BLUEROSE PUBLISHERS
www.BlueRoseONE.com
info@bluerosepublishers.com
+91 8882 898 898

Cover Design:
Muskan Sachdeva

Typographic Design:
Pooja Sharma

Distributed by: BlueRose, Amazon, Flipkart

आमुख

मैं अपने पिता स्वर्गीय श्री शोभकांत झा के हिंदी साहित्य-ज्ञान से अत्यधिक प्रभावित था। वे बिहार के एक प्रमुख हिंदी समाचार पत्र के जाने-माने पत्रकार थे। उनसे प्रेरित होकर मैंने बहुत कम उम्र में कविताएँ लिखनी शुरू कर दी थी। अगर मेरी याददाश्त सही है तो मैंने अपनी पहली कविता तब लिखी थी जब मैं ग्यारह साल का था।बाद में मैं हिंदी के महान कवियों जैसे जयशंकर प्रसाद, निराला, पंत, महादेवी वर्मा, और दिनकर सभी से अत्यधिक प्रभावित हुआ।

हाल के दिनों में मैं प्लूटो के "एल्गोरी" से काफी प्रभावित हुआ। यह हमारी नैतिक जिम्मेदारी है कि हम लोगों को जागरूक करें और उनके जीवन को उन्नत करने के लिए प्रेरित करें। विन्सेंट वॉन गॉग की प्रसिद्ध पेंटिंग "स्टारी नाइट" और उनके भाई थियो के साथ उनके मधुर संबंध ने मुझे बहुत प्रभावित किया।

हमें जीवंतता इस जागरूकता से मिलती है कि जीवन अभी और यहीं घटित हो रहा है। हमें अपने जीवन के पूर्ण नियंत्रण में रहने के लिए हर पल के छोटे से छोटे हिस्से में अधिक से अधिक उपस्थित रहने की आवश्यकता है। आत्म-जागरूकता के अतिरिक्त मैं हमेशा महान मानवीय मूल्यों को अत्यधिक महत्व देता हूँ। हालांकि वे प्रकृति में व्यक्तिपरक हैं, लेकिन वे सच्चाई को सुंदरता से जोड़ते हैं।

मेरा दृढ़ विश्वास है कि हम प्रकृति से अलग नहीं हैं। हम बड़े पारिस्थितिकी तंत्र (Eco System) का हिस्सा हैं। हमें प्रकृति को संरक्षित रखने के लिए और उन्हें बेहतर बनाने के लिए सब कुछ करना चाहिए।

उपरोक्त विषयों पर मैं कविताएँ लिखते रहता हूँ। मेरी बड़ी इच्छा थी कि मैं अपनी सभी कविताओं को एक ही स्थान पर संकलित कर अपनी काव्य अभिव्यक्ति को

दुनिया के साथ साझा करने के लिए प्रकाशित करूँ। कृपया बेझिझक मुझे अपनी प्रतिक्रिया भेजें। ताकि, अगली बार में आत्म संतुष्टि के लिए-और आपके लिए अपने काम में सुधार ला सकूं।

अंत में मैं अपने परिवार के सदस्यों को धन्यवाद देता हूँ। वे मुझे इस पुस्तक को आप तक पहुँचाने के लिए प्रेरित करते रहे हैं और सहयोग देते रहे हैं ।

लेखक परिचय

संजय महिंद्रा फ़र्स्ट चाइस के सीएचआरओ हैं। 2010 में महिन्द्रा ज्वाइन करने के पूर्व, लंबे समय तक वे टाटा समूह में कार्यरत थे।

उन्होंने इंजीनियरिंग एवं एमबीए किया है। उन्हें आप्रेशन्स, टीक्युएम, टीपीएम, एचआर एवं सेल्स में काम करने का एकतीस साल का लम्बा अनुभव है। वे आइ सीसीएफ के द्वारा सर्टिफाइड पीसीसी स्तर के कोच हैं।

संजय प्रमुख समाचार पत्रों और पत्रिकाओं, जैसे- ETHRWORLD, Times Ascent, Entrepreneur एवं People Matters के लिए लेख लिखते रहते हैं। वे पैनलिस्ट एवं माडरेटर दोनों के रूप में विभिन्न मानव-संसाधन मंचों पर पैनल चर्चा में भाग लेते रहते हैं।

Facebook: https://www.facebook.com/profile.php?id=1000919 40469386&mibextid=ZbWKwL

Instagram: https://instagram.com/jha_sk_45?igshid=ZDdkNT ZiNTM=

Twitter: Sanjay Kumar Jha (@SanjayK90972146)

LinkedIn: https://www.linkedin.com/in/sanjay-jha-moulding-metal-to-moulding-men-166a92163

Website: http://sanjay-jha.com

अनुक्रमणिका

प्रवंचना

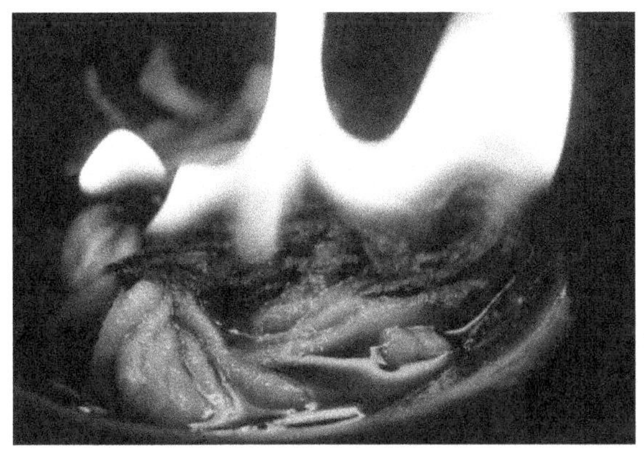

क्रिया का अंतिम निष्कर्ष,

स्नेह जला, बची बाती जली,

जल गया शलभ पथभ्रांत।

है निशेष वरिमा में व्याप्त

अतीत की स्तूप स्मृति।

दिया मंद-मंद विहंस रही है

अस जग के अप्रत्याशित आघात पर।

और है अनवरत प्रतीक्षा रत,

कि कब कोई नूतन तन करे

उसके नेतृत्व में पुनः आत्म विसर्जन।

भावना का परिवर्तन

सड़क पर पड़े निष्ठुर पत्थर से

टकरा गया पाँव,

रक्त फूट निकला फरार कैदी सा।

भींच गयी मुट्ठी अपार क्रोध से,

मस्तिष्क ने आदेश दिया हाथ को

उठाकर उसे फेंक देने को स्मृति के पार।

सहसा हृदय ने देखा उस पत्थर में शिव का स्वरूप।

झुक गये दोनों नयन क्षमा याचना हेतू।

भावना ने कर दिया परिवर्तन दृष्टिकोण में।

श्रद्धा का श्राद्ध

और श्रद्धा का श्राद्ध हो रहा था,

चिता की अग्नि इतना भी निर्दय कहाँ थी कि

श्रद्धा के कोमल देह को जलाए!

धूं-धूं कर वह जल रही थी कुद्ध हो

मनु की लाचारी पर।

और मनु काला गागल्स पहने

दूर खड़ा इड़ा के साथ,

असमर्थ हो रहा था अपने मनोभाव अभिव्यक्त करने में।

अश्रुसिक्त शब्दों को तौल कर,

उसने कहा, "यु नो व्हाट इड़ा,

श्रद्धां हृदय्य याकूत्या श्रद्धया विन्दते वसु।
शी वाज प्योर हार्ट!"

सिगरेट सुलगाकर इड़ा ने कहा,
"कम ऑन मनु, तुम अनेसेशेरी ही इमोशनल हुए जा रहे हो।
डेथ इज दी अल्टीमेट टुथ!
कुछ भी इस दुनिया में इमोर्टल नहीं है।"
"इड़ा, तुम लाजिकिल हो और यंग भी।
किन्तु श्रद्धा मेरे लिए खास थी,
यूँ ही कुछ भी नहीं!
वह पूरी जिंदगी बर्फ की सिल्ली-सा गल गल कर मिटी है।
मैंने उपेक्षित किया उसे, जो सही नहीं!"
मुस्कुराते हुए कहा इड़ा ने छोड़कर धुआं,
"तय करो, अब मेरे साथ है आना
या श्रद्धा के साथ है जाना।"
किंकर्तव्यविमूढ मनु, हृदयाघात लिए,
इड़ा के साथ हो लिए।
और श्रद्धा जल रही है, और चिता रो रही है।

नयी आइडेंटिटी

सात समुद्र पार विद्वान पुत्र से आतुर उर

वृद्ध बाप दूरभाष पर कहता है

"तुम्हारी मां मरणासन्न है!

बस तुम्हारा ही नाम लेती है,

एक बार आ जाओ उसके

निकलते प्राण को तृप्त करने"।

किंतु क्या करें वह मजबूर है;

बेटा ही नहीं, वैज्ञानिक भी है;

इस सब के ऊपर प्रोफेशनल भी है।

अतृप्त है स्वयं ही आत्मा उसकी

जमाने की दौड़ में अपनी आईडेंटिटी स्थापित करने को।

अतः कहता है, "पापा मेरा आना संभव नहीं है।

रिसर्च अंतिम फेज में है;

शीघ्र ही मैं सफल हो जाऊंगा

वरिमा और काल के निर्माणक

घटना तरंगों को गिरफ्तार करने में।

बड़ी उपलब्धि होगी;

काल और दूरी सिकुड़ जाएगी।

व्यक्ति सहज ही गमन कर पाएगा।

घटनाओं के हाईवे पर,

विश्व सिमटकर महज एक परिवार हो जाएगा।

निराश बाप हंसता है,

कल्पना कर, उस भाव शून्य परिवार की।

हरेक व्यक्ति कंप्राइज़्ड होगा,

हरेक चिंतन फोटोन की तरह डिस्क्रीट,

हर इकाई निम्नतम पैकेट में बंद,

उद्विग्न ऊर्जा सी तलाशेगी अपना अस्तित्व।

अपने कद के बराबर कमरे की खिड़की से

विश्लेषित विश्व को देख व्यक्ति कांपेगा;

और पसीने से तर खोजेगा मार्ग संश्लेषण का

ऊर्जा का क्षेत्र के संग,

विज्ञान के भावना का संग

सत्य का सुंदर के संग।

साकांक्ष माँ पूछती है मेरा बेटा आएगा तो?
हत पिता कहता है
खोज कर रहा है वह सात समुद्र पार से
तुम्हें अनुभूत करने का भौतिक सिद्धांत को।

सत्य का सौंदर्य

मेरी नयी पत्नी पूर्णांगिनी को सख़्त

चिढ़ है चांद की उपमा से।

ऐसा ही नहीं कि वह

अपने सौत के नाम से जलती है;

वरण बौद्धिक होने के हर एहसास में वह पलती है।

उसे पता चल चुका है कि

चांद चंद मृत पहाड़ों का,

लाल मिट्टी में फ़टी दरारों का,

उधार की रौशनी में चमकता उपग्रह है।

अतः सौन्दर्य की खोज महज पूर्वाग्रह है।

वह स्वयं को संघर्षों की थीसिस मानती है।

सत्य को बस बुद्धि से परखना जानती है।

स्वभाव से वह प्रयोगवादी है,

मानती अपने को प्रगतिवादी है।

किन्तु आज भी कोमल कलाधर मुझे खींचता है।

गलते सौन्दर्य से मंद-मंद अंतस्तल सींचता है।

निमीलित नयन में गुरुत्व मुक्त हो जाता हूँ,

मलय के विहाग राग में,

अपने व्यक्ति को विश्व रूप पाता हूँ।

नया चांद, नया सूरज

पिछली रात के उत्तरार्ध में,

अपने सौंदर्य बोध को मैं श्लाघता

उठकर निकल आया था, शरद का स्निग्ध मुख देखने।

साकांक्ष हो शून्य में कछुप की गर्दन सा

बाहर हुआ बोध!

बादलों की जाली पार चांद दिखाई पड़ा।

ठंडी हवा के एक झोंके में,

सिहरन के संग अतीत की मकरी जाली के पार,

स्मृति की धूल भरी प्रथम मिलन के समय

तेरा चेहरा अनुभूत हो आया।

सहज ही लौटा जो,

बगल के मरियल डेरे के मुंह बिचकाए किवाड़ से

प्रभात का पीत प्रकाश मंद-मंद रिसता दिखा।

उस कमरे की दम घोंटु हवा में वह पढ़ता है

रात के हर एहसास से वह लड़ता है।

गांव में उसका बीमार बाप इस समय खांसता होगा,

उसकी मां को जवान बेटी के ब्याह का ख्याल डसता होगा

और उसकी जबान बहन

स्थिति प्रज्ञ हो करती होगी सब सहन।

उनिन्देपन की उद्विग्नता में

सब देते होंगे उन्हेंआस

कि वह बहुत जल्दी हो जाएगा पास

फिर उसे नौकरी मिल जाएगी।

आकाश का बादल छट चुका था।

ढलती रात में आकाश का चांद मरियल लगता था ।

अदम्य विश्वास एवं घोर युयुत्सा की रोशनी में

धरती पर नया चांद चमकता था।

आज का सूरज उसके बल्ब में झलकता था।

उस किवाड़ की ओट से लीक करते

सूरज और चांद की रोशनी ने

मुझे सत्य की नई सुंदरता दिखाई है।

मेरी दृष्टि में क्रांति कर नई कविता की भूमिका लिखाई है।

विकास का कर्फ्यू

मेरी चेतना के शहर में रही है पड़,

विकास की कर्फ्यू आठ पहर,

मन उद्विग्न है निज संस्कार घर।

सौंदर्य बोध की खिड़की से देखने बाहर,

मेरे श्रद्धेय कारखानापति

मुझे कहते हैं नित अरे हीन गति!

कविता बांधती है व्यवसायिक बुद्धि की विकास गति

खाक बन कर तू साहित्यकार

जीवन का लूटेगा बहार

मूढ़ मेटालर्जी में खोजता है रस शास्त्र

मात्र कहने को हुआ अभियांत्रिकी छात्र

मैं हत प्रत्यावर्तित हो करता हूं क्रूर श्रम

चित्त पर करने कम हृत का प्रभाव,

किंतु हा, मेरे अचल स्वभाव!

रक्स सने शब्द में छलक ही जाते हैं भाव

वृत्ति के नियमित वृत्त में बंद, दमित छंद

अति प्लावित हो, बाहर आ! बह अमंद।

अरी प्रवृत्ति! हो तू मुक्त तरल

कि चेतन का हर स्तर हो तर, निर्मल।

"व्यथित है मन मेरा, गीत नहीं रच पाता मैं।

अपनी पहचान बनाने में,

पैसे और मान कमाने में,

दूसरे की सुनता रहा सतत,

दिल की एक न सुनी मैंने।

अब ठगा-ठगा सा लगता है;

क्या पाया समझ नहीं पाता मैं।

व्यथित है मन मेरा, गीत नहीं रच पाता मैं।

आज अन्तर्मन घुमड़ रहा,

भावों की बिजली कौंध रही।

कुछ पहले-पहले सा लगता है

काश रस बरस कर पाता मैं।

व्यथित है मन मेरा, गीत नहीं रच पाता मैं।

मेरे अंतर्मन में जो अटके हो तुम

मेरे अंतर्मन में जो अटके हो तुम,

क्षरित नहीं होता यौवन।

तारीख बदलती जाती है।

नित उम्र गुजरती जाती है।

बालों की काली नकली है,

चेहरे पे शिकन भी आ चली है।

फिर भी तेरा चारु बालपन,

उलझाता, ऊर्जस्वित करता मन।

काल को रोक उन रम्य पलों में।

रमा हूँ मस्त यादों के लो में।
यंत्रवत नीरस उनका निज जीवन,
पैसो से लाज–भय है अकारण,
वे कुंठित, भ्रमित, ईष्या की अग्नि,
मैं सुगंधमय निर्बंध पवन।

धरती का दुःख

धरा के बच्चों का गुस्सा

आसमान धरा पर उतार रहा है।

जर्जर बूढ़ी होती जा रही वह किसे रोके;

गैरजिम्मेदार बच्चों को उनके कुकृत्यों से,

या आसमान को उसके गुस्से से।

कभी जब आसमान प्यार में उमड़-घुमड़ ठंडे जल बरसाता था,

तो धरती भी संवर कर हरित- भरित हो जाती थी।

अब तो गुस्से में धधकता प्रिय दूर से घूरता है सूरज की आँख लिए

और धरा कुछ शेष, श्वेत, रूखे बालों को खुजला लेती है,

कभी-कभी चोरी से चलते हवा के पंखों से।

धरती के बच्चे बड़े हो गए हैं,

उन्मादित होकर दोहन कर रहे हैं

प्राकृतिक स्रोतों का और बदले में छोड़ रहे हैं प्रदूषण धरती के लिए।

धरती तो लंबी आयु का वरदान लेकर आयी है।

किन्तु जी रही है एक अभिशप्त जीवन भीष्म की तरह,

बच्चों के कौरवी दुर्बुद्धि के लिए।

वह जानती है उसके विनाश पर आमदा है उसके बच्चे!

किन्तु गहन दुख है उसे इस बात का

कि उसके बच्चे अपने बच्चों के विनाश के वास्ते भी

तैयारी कर रहे हैं एक और महाभारत की।

कामयाबी का मतलब

दरअसल कामयाबी क्या है?

हम खिलखिला के हँसे, कभी किसी बात पर

तो कभी यूं ही बेवजह!

बौद्धिक जनों का सम्मान मिले,

और मिले बच्चों का ढेरों प्यार!

सच्चे आलोचकों की तारीफ बटोरें;

और ताकत हो दगाबाज मित्रों को माफ करने का।

ख़ूबसूरती की खूब तारीफ करें

और ढूंढे अच्छाइयां सदा दूसरों में।

थोड़ी ही सही, बेहतर करें इस दुनिया को,

बच्चों को तन-मन से स्वस्थ बनाकर, एवं

धरती को और हरा-भरा कर।

एक भी जिंदगी अगर सुन्दर बने हमसे

तो समझें कि हम दरअसल कामयाब तुम।

नया आदमी

सींचता क्यों है इतना भी अपने खून से

सोचो के सांचे में बसी यादों को।

गुजर गया प्रसंग उसका;

कल के मलबे से निकल, रच आज।

और जी भर कर जी इन क्षणों में

जो रेत सा सरकता जा रहा है तेरी बेबस मुट्ठी से।

जान ले कि तेरी जिंदगी का मक़सद बहुत बड़ा है।

व्यर्थ मत भयभीत हो काल्पनिक कल से।

जड़ता की जकड़ तोड़,

सोच की सीमा से बाहर आ,

बढ़, गढ़, नया भविष्य अपने दृढ़, सतत कर्मों से।

अंतर्विरोधों का उपवन

अंतर्विरोधों के सुमन से विश्व का उपवन सजा है।

दूसरों में जो दिखता, प्रतिबिंब है हमारे ही मन का।
अंतर्मुख को लगे बहिर्मुख में कमी मनन का,
बहिर्मुख सोचे, अंतर्मुख चुप क्यों बेवजह है?
अंतर्विरोधों के सुमन से विश्व का उपवन सजा है।

अनुभवों से ही होता विकसित व्यक्ति का मनोभाव।
कोई सत्य का साथ ले, कोई भावे सत्य में शिव का अभाव।
कोई तथ्य में डूबता उतराता,
किसी को कल्पना के चित्रण में मजा है।
अंतर्विरोधों के सुमन से विश्व का उपवन सजा है।

तू कौन है बस याद कर

तू कौन है, बस याद कर!

बहसों– बकवासों में तू वक्त बर्बाद न कर।

जिससे अनुत्साहित हो, ऐसे अंतर्संवाद न कर।

अपनी गलती का रह-रह कर जिक्र क्या करना?

कोई करे, ना करे; तारीफ़ों की फ़िक्र क्या करना?

मत हो हताश, नयी सोच से सुलझाओ मन के तार।

भिन्न काल है, दृढ़ हो बढ़ो; जय होगी भय के पार।

तू पशु नहीं मानव है, यादों–इरादों से सतत प्रेरित।

महत उद्देश्य तेरा, न हो जीवन के क्षण क्षरित।

तत्वमसि का ध्यान धर, तू कौन है, बस याद कर!

बहसों– बकवासों में तू मत वक्त बर्बाद कर।

जिससे अनुत्साहित हो, ऐसे मत अंतर्संवाद कर।

परछाइयों से मुक्ति

(प्लूटो के एलगोरी पर आधारित)

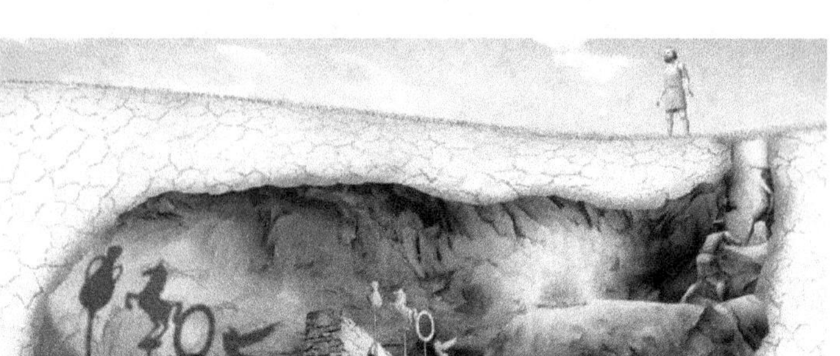

नए सच के सूरज की तीक्ष्ण रोशनी में

ठहर नहीं पा रही है मेरी दृष्टि।

अंधेरे में देखने का ऐसा अभ्यस्त हूँ कि

अकस्मात की रोशनी ने

कुछ क्षणों के लिए अंधा बना डाला है।

किन्तु खुशी है एवं विश्वास भी कि

रोशनी का सच बड़ा होगा, सुन्दर एवं कल्याणकारी भी।

पीछे छोड़ आया हूँ मन की गुफा में बंद,

अपने संबंधियों को, मित्रों एवं साथियों को।

उनके हाथ-पांव जकड़े हुए हैं, उनकी सोचों से, विचारों से।

उनके सामने मायावी परछाइयां नाचती हैं,

और वे परछाइयों को कभी भांपते हैं, कभी नापते हैं।

अपने-अपने मजहब एवं जात की उन्हें मानते हैं ।

उन्हें यह पता नहीं है कि उनके पीछे उनके बीते

कल के अनुभवों के मलबे से बना मजबूत दीवार खड़ा है।

और दीवार के पीछे उनके कुछ अपने, कुछ जाने-पहचाने लोग

यादों की कठपुतलियां नचाते हैं,

और उन्हें यह एहसास दिलाते हैं कि ये परछाइयां ही

उनके जीवन का सच है।

उन्होंने परछाइयों के चारों ओर गढ ली हैं कहानियाँ,

और इजाद कर लिया है अपने-अपने खुदा को।

उनकी जिंदगी परछाइयों के चारों ओर,

गढती हैं- खुशी, गम, गुस्सा, ईष्या, एवं घृणा।

वे अमादा हैं कुछ भी करने को,

अपनी परछाइयों के वास्ते।

मैंने जो नया सच देखा है, गुफा की परछाइयों से परे,

असीम आकाश के सूरज में,

उसने मेरे भीतर भर दिए हैं करूणा के भाव।

सोचता हूँ कि कैसे लौटकर समझाऊं

अपने सगे-संबंधियों को, साथियों को नए सत्य के बारे में।

वे मुझे पागल समझकर अपनी जंजीरों से पीट-पीट कर

मेरी जान ले लेंगे।

फिर भी लौटकर जाऊंगा, उन्हें मुक्ति दिलाने!

उनके गुफा से और उनके जंजीरों से;

सौ लोगों के उद्धार में भले

मेरे एक की जिंदगी कुर्बान ही क्यों न हो जाए।

आओ थोड़ा एकांत वास लें

(कोविड के समय में रचित)

आओ थोड़ा एकांत वास लें।

रूकें; पशु-पक्षी निर्भय हो, हम भी सांस लें।

रक्त रंजित हैं हाथ हमारे, कई प्रजाति के हम हत्यारे।

धरा को बंजर किया और जंगल उजारे।

प्रकृति ने पलटकर अब वार किया है,

जीवाणु शस्त्र से प्रहार किया है।

मानव जीवन पर भीषण संकट है।

अदृश्य शत्रु यह, विचित्र, विकट है।

चीन में जन्मा, युरोप से होता हुआ

बढ़ा है धर्म जाति से परे, विश्व में बहुगुणित होता हुआ।

अहंकार में डूबी दुनिया, घुटने पे आ हतप्रभ खड़ी है।

क्या करें, कैसे रोकें इस रक्त बीज को, मुश्किल बड़ी है!

स्वास्थ्य के लिए यह अच्छा है कि

हाथ के रक्त को बारंबार साबुन से धोते रहें।

किंतु हमारे असीमित लोभ से जर्जर हृदय का क्या?

इसी तरह हरितिमा उजाड़, धरा में भय बोते रहें?

इस एकांत वास में रह, आओ कुछ दिन पश्चाताप करें।

प्रकृति के संग रहना सीखें और अपने को निष्पाप करें।

अजीब है!

अपना अक्स जिसमें कभी देखा नहीं,

वही आइना मेरी ओर मोड़ कर, वो कहते हैं,

हम तुम्हें असली 'तुम' को दिखलाते हैं।

जिनके हाथ पर दूसरे का खून

अभी भी सूखा नहीं, उनकी हिमाकत देखिए!

वो मुझको ही, मेरा कातिल बतलाते हैं।

बहुत जुल्म कर जब सितमगर बेदम होने लगे,

तो मेरी ओर आँखे तरेर कर कहा,

मेरे बर्दाश्त की भी हद देखो,

मैं इतनी मशक्कत किए जा रहा हूं;

लेकिन बेदिल! तेरे ऊपर कोई फर्क ही नहीं पड़ता।

पत्थर सा बेहिस-ओ-बेजान होने का

मुझपे वो इल्जाम लगाते हैं।

मैं उन्हें टोकता हूं उनकी हैवानियत पर

तो वे कहते हैं कि इंसानों का क्या?

हम जमात को बचाते हैं।

मेरे खुल के हँसने पर उन्हें सख्त एतराज़ है।

वे कहते हैं कि ये इजहारे खुशी है या वहशीपन

तहजीब के साथ हँसिए होठों को दबाकर।

तारों भरी रात

(विंसेंट वान गॉग का पत्र उसके भाई के नाम)

मेरे प्रिय भाई थियो,

तुम सुखी रहो, और हजारों वर्ष जियो।

तुम अकेले रहे मेरा सहारा।

अन्य किसी ने कहां समझा बस दुत्कारा!

उस दिन मैंने रौकशेल को क्या दे दिए काटकर अपना कान

सब मुझे समझते हैं सनकी, करते हैं अपमान।

तुमने मेरी पेंटिंग खरीदकर जो किया उपकार,

बड़ा काम आया, इस कठिन वक्त में यार!

कुछ नवीन पेंटिंग भेज रहा हूं, पत्र के साथ।

विश्वास है, तुम्हें भी अच्छी लगेगी "तारों भरी रात"।

स्मृति के झरोखों से आए जो जगमग प्रकाश,

उसी का सहारा ले, केनवास में उतारे हैं, आशामय आकाश।

स्याह निशा, गाँव की ख़ामोशी और सरू के पेड़ का चित्रण,

दर्शाते हैं मेरे गैर-सार, पीड़ित मृतप्राय जीवन।

किन्तु ऊपर गगन में जो अर्ध चंद्र, गोल उज्ज्वलित तारे हैं,

मेरे भावी जीवन का प्रकाश- स्रोत, उत्साह के सहारे हैं।

अपने भावों को अतिरंजित कर, मैंने मोटे ब्रशों से सजाए हैं।

दुनिया याद करेगी इसको, जो आज मेरे दिल को भाए हैं।

आदमी किस्सेबाज

पेड़, नदियां, पर्वत, जमीन और आकाश,

आरंभ में यही सब वस्तुनिष्ठ सत्य थे,

जिसे सब जीव पंच इंद्रियों से करते थे एहसास।

जिस दिन से आदमी अपने तजुर्बें को किस्सा बनाने लगा,

उसी दिन से वह, जानवरों से अलग अपना प्रभुत्व,

अपना हिस्सा बनाने लगा।

कथा की करिश्मा रही,

व्यक्ति ने रचनात्मक रूप से बड़े पैमाने पर

कल्पना को सत्य पर आरोपित कर,

एकता बनाए, त्वरित किया विकास दर।

कल्पना से गढ़ा आकाश में अपने ईश्वरों को;

और बिठा दिया उन्हें अलौकिक स्वर्ग में।

जमीन पर खड़ा किया अपने-अपने वाणिज्य, समाज एवं देश,

फिर बांट दिया लोगों को जात और वर्ग में।

लेकिन कथा अब हमारी पकड़ से बाहर होते जा रही है।

तुच्छ हो गया है मानव-जीवन,

मुल्क और मजहब का नशा सब पर भारी है।

किस्सेबाज आदमी! भूलना मत,

किस्सों ने भले हमें जिंदा रक्खा हो,

किस्से बस किस्से हैं, हमारी दिमाग की ऊपज है!

सत्य बस मानव-जीवन है! धर्म-देश से परे और अधिक पवित्र।

भव्य परिवर्तन

'तुमने', 'उसने', 'मैंने' का ये नाटक आजीवन!

ये रोज-रोज के शोर-शराबे, भयभीत पलायन,

इसमें ही अगर तुम फंसे रहे, महत उद्देश्यों से परे,

कब जानोगे, तेरे अंदर कितनी उच्च संभावना हैं भरे।

कान लगाकर सुनो, अंदर से आते स्वर आमंत्रण का

सतत परिवर्तन का, अस्तित्व के तह तक गमन का।

तेरा जगना कोई घटना नहीं, एक प्रक्रिया होगी।

आध्यात्मिक चेतना का, मन में प्रवाहित होने का,

उन्मुख होने का वास्तविकता की ओर।

एक विकृत अवधारणा के परिधान में

छाया नृत्य से घिरी वास्तविकता!

चारों पहर अहंकार के पहरे में ढकी वास्तविकता!

तेरी जागृति तुम्हें बोध कराएगी, और दिलाएगी विश्वास,

और तुम स्व निहित शक्ति से नित बढ़ोगे सोल्लास।

कौन हूँ मैं?

कौन हूं मैं?

वो जो झगड़ता है, या भयभीत भाग जाता है

या वो जो कुछ नहीं कर सकता,

बस यूं ही, बर्फ-सा जम जाता है!

या कि किसी प्रभावशाली व्यक्ति के शाबाशी का

या फिर दिशा-निर्देश का इंतजार करता हुआ

एक आम महत्त्वाकांक्षी आदमी हूं,

या स्वं-ऊर्जस्वित व्यक्ति, अपना भाग्य बनाता हुआ?

या फिर, यूं ही गुजर रहा हूं,

चेतना के ट्रेन में बंद, पसरी घटनाओं के बाज़ार से?

या कहीं ऐसा तो नहीं कि मैं

इन पांच ज्ञानेंद्रियां और दिमाग से

दुनिया का नजारा

बनाते हुए और निर्देशन करते हुए, कैमरे के पीछे खड़ा हूं।

नहीं-नहीं, रोज का रोज बदलता शरीर

अथवा विचार नहीं हो सकता मैं!

मैं अनंत शून्य की महा चेतना हूं!

मैं अनुभूतियों से परे निर्गुण ब्रह्म हूं,

माया के मेटा वर्स में शायद मग्न।